Bettina Fromm

Mediensystem Großbritannien: Re[...]

Communications Act 2003

C000151706

Bettina Fromm

Mediensystem Großbritannien: Regulierungsreform der Ofcom

Communications Act 2003

GRIN Verlag

Bibliografische Information der Deutschen Nationalbibliothek: Die Deutsche Bibliothek
verzeichnet diese Publikation in der Deutschen Nationalbibliografie; detaillierte bibliografische Daten sind im Internet über http://dnb.d-nb.de/ abrufbar.

1. Auflage 2009
Copyright © 2009 GRIN Verlag
http://www.grin.com/
Druck und Bindung: Books on Demand GmbH, Norderstedt Germany
ISBN 978-3-640-39261-2

GLIEDERUNG

1. Einleitung

Je wichtiger die Massenmedien für die gesellschaftliche Kommunikation werden, desto größer sind die Herausforderungen, vor welche auch die Rundfunkregulierung gestellt wird. Die zunehmende Kommerzialisierung des Mediensystems, soziokulturelle Veränderungen, Mängel staatlicher Regulierung und technische Entwicklungen erzwingen eine Anpassung der Ziele und Instrumente der Regulierung des Rundfunks. Aus diesem Anlass beschäftigt sich die vorliegende Arbeit mit dem britischen Mediensystem nach der Medienreform im Jahr 2003.

Eine 2003 neu geschaffene Aufsichtsbehörde, die durch einen Praxisbezug und eine ökonomische Gesamtausrichtung von sich Reden macht, reguliert den britischen Medienmarkt seitdem zurückhaltend und vertraut auf sich selbstregulierende Marktkräfte. Die Regulierungsform der Selbst- bzw. Koregulierung wurde durch diese Reform in Großbritannien ins Leben gerufen.

Die Selbst- und Koregulierung scheint in rundfunkpolitische Diskussion zu einem Modewort zu avancieren. Medienunternehmen erhoffen sich einen Rückzug des Staates. Doch wie steht es um die Wirkung und die Durchsetzbarkeit von selbst auferlegter Regeln durch die Medien?

In der vorliegenden Arbeit soll dies erörtert und bewertet werden. Die neue Aufsichtsbehörde und der Ansatz der Selbstregulierung sind ein Teil der Medienreform aus 2003. Der Focus der Arbeit und die Forschungsfrage richten sich an die Regulierungsaufsicht und dessen medieninhaltliche Regulierung in Form von Selbstregulierung.

Das Forschungsinteresse der vorliegenden Hausarbeit richtet sich an eine Bewertung dieses reformierten Kommunikationssektors und bildet mit einer Diskussion um den Erfolg von Selbst- und Koregulierung den Hauptteil.

Mithilfe aktueller Literatur zu der Thematik der Selbstregulierung lässt sich keine konkrete Bewertung der nun sechsjährigen Arbeit der neuen britischen Aufsichtsbehörde abgeben. Jedoch reichen die vorliegenden Studien aus um eine Diskussion über die medienpolitische Reform und derzeitige Regulierungsformen zu führen.

2. Veränderungen im britischen Mediensystem

Im Jahr 1997 setzte sich die britische Labourpartei erstmals folgenreich mit einer größeren Reform der Kommunikationssektoren hinsichtlich der Medienregulierung auseinander. Obwohl ein Jahr vorher noch der Broadcasting Act von 1996 mit konsequenzreichen Medienrechtsreformen verabschiedet worden war, gaben die immer noch verschwindenden Grenzen zwischen ehemals deutlich getrennten Mediensektoren Anlass für diese Neustrukturierung der Medienaufsicht.

Obwohl die Konzentrationstendenzen in der britischen Medienlandschaft durch schon frühere Neuregelungen zunahmen, wurden 1996 weitere Beschränkungen nach diesem Communications Act gelockert. Beispielsweise war es nun möglich als kommerzielles Medienunternehmen ungeachtet der Übertragungsmethode und der Kanalanzahl 15 % des Zuschaueranteils zu halten. Die strengen Verbote, nicht in fremde Mediensektoren investieren zu dürfen, wurden für ITV-Unternehmen[1] gelockert, was international gesehen schon wesentlich früher möglich war. (vgl. Hübner/Münch 1999: 166f)

Bis dahin war die Medienaufsicht in einem komplexen System in fünf klar definierte Institutionen[2] unterteilt, dessen Kommunikation zwischen ihren Zuständigkeiten schon seit einigen Jahren von Medienvertretern kritisiert wurde. Die damalige Labour-Regierung entschied sich das Ofcom[3] ins Leben zu rufen, eine Institution die nun schon seit 2003 als alleinige Aufsicht die genannten Institutionen verkörpert. Das Ofcom tritt als staatlicher unabhängiger Regulierer auf, von dem angenommen wird, dass er sich durch seine Alleinstellung besser an jegliche Veränderungen in der Technik und am Markt anpassen kann.

Die britischen Medienexperten Douglas Vick und William Doyle 2004 in einem Artikel in der Fachzeitschrift Media Perspektiven kritisieren, dass eine wesentlich näher liegende Option und ein logischer Schritt gewesen wäre, „das bestehende, relativ komplexe System der Medienaufsicht mit verschiedenen, jeweils für klar definierte Bereiche zuständigen Institutionen beizubehalten und lediglich eine verbesserte

---

[1] Independent Television (ITV) sind neben den Sendern *five, Channel 4* und *Sky* unabhängig voneinander agierenden kommerziellen Fernsehstationen in Großbritannien.
[2] Independent Television Commission (ITC), Radio Authority (RA), Office of Telecommunication (Oftel), Broadcasting Standards Commission (BSC), Radiocommunication Agency
[3] Abkürzung für Office of Communication

Kommunikation zwischen diesen Aufsichtsorganen herbeizuführen." (Vick/Doyle 2004: 38 in Media Perspektiven). Sie titeln diese Reform in der wissenschaftlichen Literatur mit dem „konvergierten Regulierung zum deregulierten Medienmarkt" (ebd.). Nichtsdestotrotz bekam diese Medienreform den Zuspruch der Regierung und wurde so im Jahr 2000 im Weißbuch[4] verankert und 2003 durch Communications Act 2003 verabschiedet. (vgl. Roßnagel/Kleist/Scheuer 2007: 51f)

Der Communications Act 2003 war die bisher umfangreichste und für den Medienmarkt umfassendste Grundsatzrevolution der Medienaufsicht und wird so von Medienvertretern und -wissenschaftlern sehr kritisch beobachtet und diskutiert. (vgl. Vick/Doyle 2004: 38ff in Media Perspektiven).

Besonders an dieser Reform ist, dass sie zur Regulierung audiovisueller Inhalte in Richtung Selbst- und Co-Regulierung abzielt. Diese neue Gesetzeslage in Form des Ofcoms als Körperschaft des öffentlichen Rechts ist auf verschiedene Ziele ausgerichtet, die sich auf den medialen Inhalt und den generellen Kommunikationssektor beziehen. Die „Sicherung des Zugangs, Bereitstellung von Universaldiensten, Wahlmöglichkeiten für den Verbraucher, Wettbewerbsfähigkeit [...]" (Roßnagel/Kleist/Scheuer 2007: 277) zählen neben den medieninhaltlichen Aspekten zu den Hauptzielsetzungen, die das Ofcom umsetzen und kontrollieren will. (vgl. Roßnagel/Kleist/Scheuer 2007: 277f)

Medieninhaltlich teilt sich der Communications Act in drei Ebenen, die sich entweder durch eine Selbstkontrolle der Medien selbst oder durch das Ofcom regeln.

Die Aufsicht der ersten und zweiten Ebene liegt im Verantwortungsbereich des Ofcoms, die sich hier um die inhaltliche Regulierung, die „negative content regulation" (www.ofcom.org), und als zweites die Programmquoten, die der Umsetzung der Fernsehrichtlinien dienen, kümmert.

Die dritte Regulierungsebene vertraut man in Form der Selbstkontrolle den Sendern und Medienunternehmen selbst an, was dazu führte, dass man in diesem Zusammenhang von einer "light-touch-Regulierung" (Prosser 2003: 16) spricht. Die Medienveranstalter geben gegenüber des Ofcoms eine jährliche Eigenbewertung ihrer Programmpolitik ab, in welcher dargelegt wird, ob das Programm den Vorgaben des

---

[4] schriftliche Zusammenstellung von politischen Vorschlägen und Konzepten zu einem bestimmten Bereich.

öffentlich-rechtlichen Auftrags, dem „public service remit" (ebd.) gerecht wurde. (vgl. Prosser 2003: 16f)

Eine Regierungserklärung aus dem Jahr 2004 fasst diese neue Kontrollstrategie und das Medienklima wie folgt zusammen:

"The provisions of the Communications Act set out a clear framework for the future of Public Service Broadcasting. They envisage increased self-regulation within the overall context of Ofcom's responsibilities for promoting the fulfillment of the purposes of public service television broadcasting in the United Kingdom." (http://www.parliament.the-stationery-office.com/pa/cm200304/cmselect/cmcumeds/585/58504.htm)

Die BBC[5] ist als einzige Medienanstalt von diesem Regulierungsauftrag in der Form befreit.

Die BBC spielt auch im Weiteren eine Sonderrolle, sowohl in ihrer Regulierung als auch als einziges öffentlich-rechtliches Medium Großbritanniens. Diese Sonderstellung soll jedoch hier nicht tiefer beleuchtet werden und stattdessen der Blick hinsichtlich der Einflussfelder des Ofcoms vertieft werden. Da sich die BBC nicht an der inhaltlichen Selbstkontrolle in Großbritannien beteiligt, wird sie in dieser Arbeit dementsprechend Beachtung finden. Das Augenmerk sei hier mit Verweis auf die Forschungsfrage auf das Ofcom gerichtet.

Im Folgenden soll deshalb weniger auf die Einzelheiten der Regulierung eingegangen werden, sondern vielmehr auf eine Auseinandersetzung mit der Grundgedanken dieser Reform. Nach einer tieferen Diskussion um die Vor- und Nachteile des Communications Acts 2003 wird der Aspekt der Selbstregulierung und Koregulierung[6] eine gesonderte Rolle spielen und tiefer diskutiert.

Da eine Betrachtung jeglicher Reformaspekte des Communications Act 2003 den Rahmen dieser Arbeit sprengen würde, speist sich die begleitende Forschungsfrage allein aus dem Thema der Selbstregulierung. Neben weiteren Reformen hinsichtlich des Medienmarktes ist die Deregulierung in Form von Selbstregulierung der

---

[5] British Broadcasting Corporation
[6] Koregulierung alias Co-Regulierung, Coregulierung, Ko-Regulierung (keine einheitliche Schreibweise in der deutschen Rechtschreibung vorgegeben)

Fernsehmarktteilnehmer ein viel umstrittener Punkt. Mittels einer Hinführung über die mit der Forschungsfrage in Bezug stehenden Kritikankerpunkte der Reform, beschäftigt sich diese Ausarbeitung mit einer Forschungsfrage hinsichtlich der Selbst- und Koregulierung. Der Fokus dieser Arbeit liegt auf der Fragestellung, inwiefern diese staatliche Machtabgabe der inhaltlichen Qualitätskontrolle an die Sender Risiken bürgt und auf anderen Ebenen negative Auswirkungen haben könnte.

3. Diskussion um die Kritik und das Office of Communications

Mit der Ernennung des Ofcoms und des Inkrafttretens des Communications Acts wurde die Diskussion um die Sinnhaftigkeit dieser Reform laut. Nach fünf Jahren, die das Ofcom nun als Regulierer fungiert, ist es schwer eine Bewertung der Ergebnisse vorzunehmen. Die Arbeit des Ofcoms ist Aufgrund der kurzen Amtsinhabe nur schwer im Detail zu beurteilen, während eine Diskussion um die Reform schon früher zu rechtfertigen ist. Britische Medienexperten wiesen schon kurz nach 2003 die Vor- und Nachteile dieser Reform auf.

Auch die Kontroverse um die Liberalisierung des Eigentumsrechts, das Allgemeine Wettbewerbsrecht, Risiken zur Medienkonzentration, ausgelöst durch die neue Gesetzeslage nach 2003, führten zu Debatten unter der Medienexperten. Die Behandlung dieser Themen der Reform wird im Weiteren jedoch nur am Rande erwähnt und stellen nicht den Fokus dieser Arbeit dar.

Der folgende Hauptteil beschäftigt sich mit der Auseinandersetzung mit den Vorzügen und Schwachstellen der Reform hinsichtlich der Ernennung des Ofcoms für die fünf früheren Aufsichten, der Inhaltsregulierung durch das Ofcom und den Aspekt der Selbstregulierung bzw. Koregulierung durch die Marktteilnehmer.

Die britischen Medienwissenschaftler Douglas W. Vick und Gillian Doyle bewerten die Zusammenlegung der Mehrzahl von Regulierungsinstitutionen mit jeweils verschiedenen Aufgabenbereichen kritisch. „Die Erschaffung einer regulativen Superinstitution sorgt nicht automatisch auch für regulative Konvergenz" (Vick/Doyle

2004: 46 in Media Perspektiven). Nach Vick und Doyle liegt der Beweis dafür schon in den Vorjahren, in denen beispielsweise das Ersetzen von der Independent Braodcasting Authority und Cable Authority durch die ITC im Jahr 1990 nicht zu einem radikalem Wandel von dem terrestrischen Rundfunk und Kabel und Satellit führte.[7]

Das Hauptargument, dass weder in der Presse noch im Internet verbreitete Inhalte vom Ofcom kontrolliert werden, steht stark gegen den Gedanken eines konvergierten Medienregulierungssystems und wird auch durch Alexander Roßnagel, wissenschaftlicher Direktor des Instituts für europäisches Medienrecht, gestützt. Denn die Inhalte decken sich mit denen aus dem Rundfunk und sind oft von einander kopiert. Medienunternehmen bedienen oft mehrere Märkte gleichzeitig und verbreiten so ihre Inhalte gleichzeitig beispielsweise in Internet, Presse und Rundfunk. Roßnagel beschreibt gemeinsam mit Thomas Kleist[8] und Alexander Scheuer[9] weitere Hindernisse auf dem Weg zu einem konsequenten Regulierungsansatz. Laut dessen Ausführungen macht eine Regulierung durch das Ofcom nur Sinn, wenn diese auch diejenigen Medien reguliert, dessen Inhalte sich aus dem des Rundfunks speisen. Beispielsweise sind die Inhalte im Internet oft aus dem Rundfunk kopiert. (vgl. Vick/Doyle 2004: 44ff in Media Perspektiven)

In dem 2007 erschienendem Studie *Die Reform der Regulierung elektronischer Medien in Europa* behandeln die Autoren die „tradierten Regulierungsvorschriften" (Roßnagel/Kleist/Scheuer 2007: 301), welche dem Ofcom durch seine Vorgängerinstitutionen übergeben wurden, und stellen dies als eine Ursache dafür dar, dass ein „konsequent konvergenter Regulierungsansatz" nur mit großen Defiziten in Großbritannien zu erreichen sei. (vgl. Roßnagel/Kleist/Scheuer 2007: 303f). Wenn auch nicht für den gesamten Medienmarkt so ist doch eine Konvergenz für die Rundfunkregulierung zu erkennen.

Da in Großbritannien, anders als in Deutschland, die föderalen Strukturen fehlen, so ist es möglich auf einem regionalen Level zu regulieren und jegliche Sender unter einer Aufsicht zu kontrollieren. Tim Suter, derzeitiges Mitglied im Executive Committee des

---

[7] Konflikt in der Vereinbarung zwischen dem Public-Service-Funktionen und dem digitalem Fernsehen, das deutlich weniger reguliert wurde. (vgl. Vick/Doyle 2004: 46 in Media Perspektiven)
[8] Direktor Institut für europäisches Medienrecht (EMR)
[9] Geschäftsführer Institut für europäisches Medienrecht (EMR)

Ofcoms, hebt diesen Teilbereich der Konvergenz im Vergleich mit dem deutschen Regulierungssystem hervor:

„Mir fällt es schwer zu begreifen, wie man Rundfunk nur auf regionalem Level regulieren soll. Wenn Fernsehen mit Kabel oder Satellit überall zu empfangen ist, sollte man Regulierung auf der höchstmöglichen Stufe ansiedeln. Bei uns funktioniert das sehr gut auf nationalem Level." (Suter 2006 in www.medienpolitik.eu)

Demnach ist für diese Arbeit zu schlussfolgern, dass nur eine einseitig konvergente Regulierungshandhabe möglich ist, solange unter anderen die Bereiche Telekommunikation, Rundfunk und der Frequenzhandel nicht einheitlich auf rechtliche Ebenen und Grundsätzen reformiert werden.

Einhergehend mit der Frage nach der Notwendigkeit einer Konvergenz, stellt sich nach Roßnagel in der grundsätzlichen Diskussion um Effektivität und Effizienz auch die Größe der Behörde ein Grund zur Besorgnis dar. Mit einer enormen Größe von 1200 Angestellten im Jahr 2007 beschäftigt das Ofcom mehr Mitarbeiter als die fünf Vorgängerbehörden zusammen. Angemerkt sei jedoch hier, dass laut Rosnagel der Personalstamm von Ofcom verkleinert werden soll. (vgl. Roßnagel/Kleist/Scheuer 2007: 302f) Suter spricht sogar von einer Kürzung der Stellen auf 800 Mitarbeiter. (Suter 2006 in www.medienpolitik.eu)

Douglas Vick und Gillian Doyle sehen die höhere Effizienz einer integrierten Aufsicht als noch nicht bewiesen und verweisen auf der Risiko, „dass gemeinwohlorientierte und kulturelle Zielsetzungen gegenüber den ökonomischen Interessen der Industrie ins Hintertreffen geraten" (Vick/Doyle 2004: 47 in Media Perspektiven).

Gemeint von den Autoren ist hier, dass frühere unterschiedliche Zuständigkeiten zu einer jeweiligen Regulierungstradition führen, die zu einer Dominanz von einer zum Nachteil der anderen führen kann. Da sich die Aufsichten mit sehr verschiedenen Materien der Regulierung beschäftigten, sind ihre Arbeitsweisen und -traditionen sehr unterschiedlich. Nach Vick und Doyle ist es erfahrungsgemäß einfacher für kleinere Aufsichtsinstitutionen mit klar begrenztem und definiertem Auftrag ihre Aufgaben zu erfüllen, als eine Übergeordnete, die mehr damit beschäftigt sein wird, die „untereinander konkurrierenden Zielsetzungen" (ebd.) zu vereinbaren. Ein weiterer

Nachteil, der sich in die Effizienzkritik der zwei Autoren reiht, ist der Hinweis darauf, dass eine Machtverteilung bedeutet, dass die unterschiedlichen Zuständigkeiten auch Konflikte zwischen den Vertretern der Kommunikationssektoren transparenter machen. (vgl. ebd)

Demnach geht such dieser Vorteil mit dieser Reform verloren.

"[...] public service broadcasting[10] refers to broadcasting intended for the public benefit rather than for purely commercial concerns. The communications regulator Ofcom requires that certain television and radio broadcasters fulfil certain requirements as part of their licence to broadcast." (McNair in Lowe 2005: 102)

Mit dieser Auflage ist der erste Schritt in Richtung eines qualitäts- und konsumentenorientiertem Fernsehen, das sich seit 2003 unter der Beobachtung des Ofcoms selbst regulieren soll, getan.

Mit welchen Grundsätzen die Machtabgabe an die Fernsehmachenden argumentiert wird und welche Risiken sie birgt, soll im Folgenden anhand der wissenschaftlichen Auseinandersetzung in der Literatur erfolgen. Die Herleitung der Forschungsfrage, ob ein Vertrauen in einen Markt, der jedoch letztendlich marktwirtschaftlich ausgelegt ist, sich selber zu regulieren, wird in den folgenden Ausführungen erfolgen. Zur Beantwortung der Forschungsfrage dient die weitere Erörterung zu den kontrollieren Risiken und gewünschten Vorteilen dieser umstrukturierten Inhaltsregulierung mit Hinblick auf das Public Service Broadcasting.

Das Ofcom gibt Richtlinien für den PSB heraus[11], überlässt die Regulierung aber den Sendern und gibt diesen somit ein großes Maß an Freiraum. Die hieraus resultierende Frage ist, ob diese Selbstkontrolle auch zu einem angemessen regulierten Markt führt.

Tim Suter, der seinen Posten im Vorstand des Ofcoms 2007 ablegte, vertraut den Rundfunkteilnehmern. Mit den Worten „Wenn man den Rundfunk einerseits mit öffentlichen Geldern unterstützt und ihn gleichzeitig regulieren soll, ist das schizophren." (Suter 2006 in www.medienpolitik.eu) ergreift er Partei für die Auffassung des Ofcoms und verweist zugleich auf das deutsche Regulierungssystem.

---

[10] PBS
[11] Eine Sonderolle hat hier nur die BBC inne, die als öffentlich-rechtliche Rundfunkanstalt ihre eigenen inhaltlichen Regulierungsmechanismen besitzt.

Roßnagel gibt der Gefahr des Vertrauensmissbrauchs durch die Teilnehmer bezüglich zu bedenken, dass es auch wenn der Trend in Richtung Deregulierung geht, es gesetzlich vorgesehene Sicherungsmechanismen gibt. Diese so genannten „backstop powers" (vgl. www.ofcom.org) sind für den Fall, dass die kommerziellen Veranstalter ihren öffentlichen Auftrag nicht gerecht werden und möglicherweise nicht in der Lage sind einen angemessenen Standard ihrer Programme zu gewährleisten. (vgl. Roßnagel/Kleist/Scheuer 2007: 302f)

In Großbritannien stieß man auf geteilter Meinung, ob eine Umstellung zu mehr Selbstregulierung bzw. Koregulierung neben den Vorteilen auch viele Gefahren birgt. Das Land konstituierte, dass dieses Gesetz den Mediennutzern ein hohes Maß an Vertrauen in die Medien abverlangt.

Die Diskussion um diese Regulierungsform wurde von internationalen Medienexperten und -vertretern kritisch beurteilt und soll hier im Folgenden in Bezug auf Großbritannien angewandt werden. Der folgende Hauptteil konzentriert sich somit auf die Form der Selbstregulierung.

Da es sich bei dem Ofcom um eine sehr junge Behörde handelt, ist es kaum möglich ihre Leistungen in dem Zusammenhang zu beurteilen. Vielmehr soll mit Hilfe der wissenschaftlichen Diskussion um die Selbstregulierung und Koregulierung der letzten Jahre eine Einschätzung der britischen Medienregulierung stattfinden.

3.1. Die Selbst- und Koregulierung

Selbstregulierung und Koregulierung scheint in rundfunkpolitischen Debatten zu einem Modewort zu werden.

Nicht zuletzt weil die Medienunternehmen sich einen Rückzug des Staates erhoffen. Die eigentliche Frage ist jedoch, inwiefern sich die Wirkung und die Durchsetzbarkeit dieser Regulierung ohne den Staat erkennen lassen. Gegenstand der folgenden Ausführung soll eine Auseinandersetzung mit dem konkreten Fall der Regulierung in

Großbritannien sein, die über eine Einführung in die Merkmale der Selbst- und Koregulierung zu einer Bewertung dessen erschlossen wird.

Je wichtiger die Massenmedien für die gesellschaftliche Kommunikation werden, desto größer sind die Herausforderungen, und die Verantwortung, die an die Rundfunkregulierung gestellt werden. „Die zunehmende Kommerzialisierung des Mediensystems, soziokulturelle Veränderungen, Mängel herkömmlicher staatlicher Regulierung und technische Entwicklungen erzwingen Anpassungen der Ziele, Begründungen und Instrumente der Regulierung des Rundfunks." (Puppis 2003: 1) Wenn aber staatliche Interventionen im Rundfunksektor abnehmen und die Verantwortung in Vertrauen in die Medienteilnehmer umgewandelt werden soll, so müssen sich genau diese Vertreter um die Regelsetzung kümmern. Deshalb gewinnen in der Debatte um die Medienordnung auch Konzepte wie Selbstregulierung oder Koregulierung an Bedeutung. (vgl. Puppis 2003:1)

Im Weiteren wird auf die Unterscheidung beider Begrifflichkeiten näher eingegangen.

3.1.1. Selbstregulierung versus Koregulierung

„In erster Linie erhoffen sich die Medienkonzerne von ihrer eigenen Regulierung gewisse Vorteile, besonders aus dem Aspekt, dass staatliche Eingriffe in den Markt möglichst verhindern werden können." (Puppis 2003: 3)

Der Begriff Selbstregulierung wird oft nur als ein ideologisches Schlagwort und nicht als ein umsetzbares Regulierungskonzept beurteilt

Für die Hinführung an diesen Begriff liegen der Hausarbeit einerseits theoretische Literatur und auch empirische Untersuchung vor. Manuel Puppis führte im Jahr 2002/2003 eine Dokumentenanalyse in sieben Ländern[12] mit Interviews mit Expertinnen und Experten durch. Befragt wurden sowohl Vertreter von Ministerien, Regulierungsbehörden, öffentlichen Rundfunkanstalten und gesellschaftlichen

---

[12] Dokumentanalyse in Dänemark, Frankreich, Großbritannien, Irland, Italien, Kanada und Neuseeland (vgl. Puppis 2003:2)

Gruppen. Um eine unabhängigere Einschätzung zu bekommen wurden der Erhebungseinheit auch ortsansässige Wissenschaftler hinzugezogen. (vgl. Puppis 2003: 11ff). Die Ergebnisse dienen der folgenden Ausführung als Vergleichsparameter zu der theoretischen Einordnung der Begrifflichkeiten.

Aufgrund der theoretischen Erkenntnisse können die verschiedenen Begriffe wie folgt definiert werden.

Das Forschungsprojekt des Instituts für Publizistikwissenschaft und Medienforschung (IPMZ) und des Zentrums für Informations- und Kommunikationsrecht (ZIK) an der Universität Zürich untersuchte verschiedenste Formen der Selbstregulierung im Rundfunksektor und untermalt die theoretische Vorarbeit durch Manuel Puppis. Dieser untermauert die Abgrenzung von Selbstregulierung zu Koregulierung mit den folgenden Erkenntnissen. Anmerkend sei hier darauf hingewiesen, dass es sich bei dieser Begriffserörterung um eine Eingrenzung und Beschreibung der Begrifflichkeiten geht und es sich um keine feststehende Begriffsdefinition handelt.

Von einer Selbstkontrolle durch Selbstorganisation kann gesprochen werden, wenn sich Regeln nur auf eine Institution oder Organisation beziehen. Selbstregulierung bezeichnet Arrangements, in denen private Akteure wie z.B. Medienunternehmen bindende Regeln für die gesamte Branche aufstellen, diese durchsetzen und mit Sanktionen auf etwaige Verstöße reagieren. Jedoch weißt die Formulierung der Koregulierung dagegen darauf hin, dass die „Aufstellung und Durchsetzung von Regeln durch eine Gruppe von Akteuren für den eigenen Sektor in Zusammenarbeit mit oder im Auftrag von staatlichen Akteuren vorgenommen wird" (Jarren 2002 in Puppis 2003:16). (vgl. Puppis: 2003:16f)

Grundsätzlich kann man also schlussfolgern, dass die regulierte Selbstregulierung oder sozusagen Koregulierung zum Zuge kommt, wenn der Staat eine weitaus größere Rolle einnimmt, als bei der reinen Selbstregulierung, bei der es keine übergeordnete Behörde wie das Ofcom gibt.

Man spricht also auch in Großbritannien genau genommen von einer Koregulierung, die nach Puppis „die Möglichkeit [hat], die Vorteile von Selbstregulierung zu nutzen, größere Nachteile hingegen zu vermeiden" (Puppis: 2003:16).

Demzufolge zeigt die Koregulierung in Großbritannien, dass Selbstregulierung und staatliche Regulierung nicht zwingend als unvereinbare Gegensätze betrachtet werden müssen.

Koregulierung entspricht vielmehr einer Verantwortungsbeziehung zwischen dem Staat und den Rundfunkveranstaltern. (vgl. Puppis 2003: 3)

Der Staat gibt nur einen rechtlichen Rahmen vor, innerhalb dessen eine Selbstregulierung der Unternehmen möglich ist. Zwischen Modernisierung und Justiz bezieht sich Puppis auf Wolfgang Hoffmann-Riem, der Großbritannien und andere Staaten, die ihre Regulierungsmacht auf die Akteure verteilen, wie folgt beschreibt:

„Er [der Staat; Anm. des Verfass.] nimmt folglich eine Gewährleistungs- und Auffangverantwortung wahr, statt selbst Leistungen zu erbringen. In dieser Perspektive ist die primäre Aufgabe des Staates sicherzustellen, dass die Aufgabenwahrnehmung durch private Akteure dem Gemeinwohl verpflichtet bleibt." (Hoffmann-Riem in Puppis 2003: 3).

„Letztlich geht es bei Koregulierung um das Zusammenspiel von Selbstregulierung und staatlicher Regulierung […]." (Puppis 2003: 5) Angela Campbell ist der Ansicht, dass gerade im Rundfunkbereich Selbstregulierung eine nützliche Ergänzung zu staatlicher Regulierung sei, wobei letzteres dadurch nicht überflüssig wird. (vgl. Campbell 1999 in Puppis 2003:4)

Zudem lässt sich zeigen, dass im Rundfunksektor Koregulierung weitaus häufiger vorkommt als die klassische Selbstregulierung. Diese beruht, laut Puppis, selten auf Freiwilligkeit, sondern ist so gut wie immer als eine Reaktion auf drohende Fremdregulierung zu verstehen. (vgl. Puppis 2003: 16ff)

Die eingangs erwähnte empirische Studie von Puppis aus dem Jahr 2002 zeichnet auch ein klares Bild der Bewertung von Selbst- und Koregulierung. Hier bewerten die Befragten den selbstregulierende Markt wie folgt:

In den Interviews zeichnete sich bezüglich der Bewertung von Selbst- und Koregulierungsformen ein klares Bild ab, das die theoretischen Annahmen durchwegs stützt: Während die befragten Experten Selbstregulierung skeptisch bewerteten, fanden sie Formen der Koregulierung vorwiegend positiv.

Jedoch wurde die mangelhafte Durchsetzbarkeit der Regeln und die fehlende Sanktionierung von Regelverstößen bei Selbstregulierungsarrangements wurde in erster Linie kritisiert. (Puppis 2002b: 19)

Hieraus ist für diese Arbeit zu folgern, dass die Rolle des Staates zentral für den Erfolg von Regulierungsanstrengungen des privaten Sektors zu sein scheint.

Auch Puppis schätzt die Rolle des Staates zentral für den Erfolg von Regulierung gekoppelt mit freier Marktwirtschaft ein. (vgl. Puppis 2003: 3)

Man kann demnach ableiten, dass der Staat oder, die von ihm eingesetzten unabhängigen Regulierungsbehörde, in der Koregulierung von „der Verpflichtung der Rundfunkveranstalter zur Selbstregulierung über inhaltliche und strukturelle Vorgaben bis hin zu einer Beteiligung an Regelsetzung, Durchsetzung und Sanktionierung" (Puppis 2003: 3) reichen kann.

In dem Fall Ofcom in Großbritannien ist es auch schon vor Inkrafttreten des Ofcoms für Manuel Puppis denkbar, inhaltliche Vorgaben in Form von moralischen Werten zu machen, die Prozesse der Ausarbeitung von Selbstregulierungskodizes zu regulieren und die Sanktionierung von Regelverstößen zu überwachen.

Eine genauere Diskussion dieser positiven und negativen Aspekte der Selbst- und Koregulierung erschliesst sich in dem folgenden Abschnitt.

3.1.2. Vor- und Nachteile der Selbstregulierung

In der Arbeit vorliegenden Literatur werden die Vor- und Nachteile von Selbstregulierung diskutiert und die Missstände genauso wie auch die positiven Eigenschaften des Wandels zu einer staatsfreien Regulierung in Großbritannien benannt.

Manuel Puppis zählt zu den Vorteilen unter anderen, dass auf diesem Weg die Kosten für die Überwachung und Durchsetzung der Regeln gesenkt werden und die schnelle Anpassung an veränderte Umweltbedingungen und damit die Flexibilität von

Selbstregulierung verdeutlicht wird. Demnach verfügt die Selbst- bzw. Koregulierung über einen Geschwindigkeitsvorteil gegenüber staatlicher Regulierungsmethoden.

Ein nach Puppis sehr gewichtiges Argument ist, dass diese Regulierungsform den Effekt hat, dass sich die Unternehmen ihren eigenen Regeln stärker verpflichtet fühlen und dies somit einen engeren Bezug zu deren Einhaltung und Überwachung mit sich bringt. (vgl Puppis 2003: 5f)

Für den Rundfunk ist speziell die Flexibilität von Selbstregulierung von Bedeutung. Gesetze haben in einem sich rasch wandelnden Politikfeld den Nachteil, schnell zu veralten. Selbstregulierungsnormen hingegen könnten weitaus einfacher angepasst werden. Douglas Vick und Gillian Doyle sehen dies ähnlich wie Manuel Puppis. Nach deren Auffassung bedeutet die Einführung eines Selbst- oder Koregulierungssystems in Großbritannien für die qualitativen Aspekte keine Abwendung vom Ideal des Public-Service-Rundfunks. Auch hier ist die Rede von der größeren Flexibilität für die Rundfunkveranstalter hinsichtlich der an sie gestellten Anforderungen. Die Reglements und zu erfüllenden Forderungen sind so einfacher für die Betroffenen zu handhaben. (Vick/Doyle 2004: 38 in Media Perspektiven).

Generell lässt sich aus der Literatur für diese Hausarbeit schließen, dass Selbstregulierung überall dort ihre Stärken hat, wo der Staat aus verfassungsrechtlichen Gründen nicht eingreifen kann oder darf.
Puppis bezieht sich in seinen Ausführungen auf Angela Campbell, die zu dem Thema und unter dem Titel *Self-Regulation and the Media* die wichtige Distanz zwischen den zwei Seiten hervorhebt.
Nach Campbell wird die anzustrebende, möglichst große Distanz des Rundfunks vom politisch-administrativen System durch zu starke Regulierung gefährdet. „Der Staat darf deshalb, abgesehen von allgemeinen Programmvorgaben, keinen Einfluss auf die Programminhalte nehmen" (Campbell 1999 in Puppis 2003:4). (vgl. Puppis 2003:5)

Doch gerade diese generellen Ziele, die im öffentlichen Interesse formuliert werden, wie zum Beispiel Vielfalt und Qualität, sind nur schwer in Gesetze zu fassen und ohne Lücken umzusetzen. In der Selbst- und Koregulierung ist eine Umsetzung von

qualitativen Normen und Werten innerhalb der Medien im Vergleich besser zu erfassen, weshalb sich Selbstregulierung anbietet.

Auch von dem Ofcom werden in erster Linie folgende Gründe für die Implementierung von einer Koregulierung genannt, die sich auch in der Literatur wiederfinden.

Das Ofcom verweist auf die besondere Unabhängigkeit des Rundfunks und fordert, dass sich der Staat bei der Regulierung zurückhält, was der Grund ist, warum die Selbst- und Koregulierung vorzuziehen ist. Weiterhin wird hier auch die Komplexität der Medienpolitik erwähnt, die es den Zielen im Rundfunksektor nur schwer erlauben in Gesetze übersetzt zu werden. Das Ofcom zieht deshalb auch in diesem Zusammenhang die Selbst- und Koregulierung vor und plädiert dafür Detailentscheidungen den Rundfunkveranstaltern zu überlassen. Wie schon erwähnt, wird die Durchsetzung der Ziele der Rundfunkpolitik durch gesellschaftliche und technologische Veränderungen erschwert. Die höhere Geschwindigkeit und Anpassungsfähigkeit der Selbst- und Koregulierung wird von dem Ofcom auch hier positiv angeführt. (vgl. www.ofcom.org)

Jedoch sollen die Nachteile und Defizite eines selbstregulierenden Systems nicht außer Acht gelassen werden. Die Literatur deutet vielmals darauf hin, dass Unternehmen ein klares Eigeninteresse an Selbstregulierung haben. Die für diese Arbeit konsultierte Literatur ist sich in dem Punkt einig, dass das Risiko besteht, dass die Medien diese Freiheit für eigene Vorteile ausnutzen, was auch Puppis bestätigt: „Bei einer Selbstregulierung durch Branchenverbände scheint eine Durchsetzung eigennütziger wirtschaftlicher oder politischer Interessen nahe liegend." (Puppis 2003: 5) (vgl. Puppis 2003: 5)

Die Hauptkritik an der Selbst- bzw. Koregulierung betrifft jedoch die Sanktionierung. Hier stellt sich die Frage, ob die aufgestellten Regeln auch tatsächlich durchgesetzt werden und die möglichen Regelverstöße genauso geahndet und bestraft werden, als wenn der Staat als Aufsicht fungiert. Das ehemalige Vorstandsmitglied der Ofcom Tim Suter nimmt dennoch Abstand zu diesen Vorwürfen. Dieser sieht immer noch das Ofcom, das eingreift, wenn die Situation es erfordert. „Wir wollen, dass der Markt sich selbst regelt, soweit dies möglich ist. Dort, wo der Markt keine Lösungen anzubieten hat, kommen wir ins Spiel." (Suter 2006 in www.medienpolitik.eu)

Alexander Roßnagel gibt in seiner Veröffentlichung *Die Reform der Regulierung elektronischen Medien in Europa* der Gefahr des Vertrauensmissbrauchs der Teilnehmer bezüglich zu bedenken, dass es auch, wenn der Trend in Richtung Deregulierung geht, gesetzlich vorgesehene Sicherungsmechanismus gibt. Die schon erwähnten „backstop powers" (www.ofcom.org) sind für den Fall, dass die kommerziellen Veranstalter ihren öffentlichen Auftrag nicht gerecht werden. Alexander Roßnagel sieht das Ofcom als Aufsicht im Hintergrund , die dann einschreitet, wenn Medien nicht in der Lage sind einen angemessenen Standard ihrer Programme zu gewährleisten. (vgl. Roßnagel/Kleist/Scheuer 2007: 277f)

4. Bewertung der Ergebnisse und Fazit

Die Regulierungsstrukturen in Großbritannien wurden neu geordnet und ein neuer normativer Grundsatz, der der Selbstregulierung, färbt das Medienklima. Mit dem Communications Act 2003 wurde das durch die Zusammenlegung von fünf zuvor fragmentiert arbeiteten Aufsichtsbehörden geschaffen. Die Ofcom stellt nun eine teilweise konvergente Regulierungsbehörde dar, die alle Sektoren[13] unter einer Führung vereint. Mit der Abwendung vom klassischen Governance zur Selbstkontrolle- und regulierung der Rundfunkinhalte durch die Marktteilnehmer beweß Großbritannien Mut zu Veränderungen.

Obwohl Konzepte regulierter Selbstregulierung oder Koregulierung durchaus bekannt sind, fehlt es bislang an mehrjähriger Erfahrung in Großbritannien und anderen Ländern, die ein ähnliches Konzept teilen. Das Ofcom hat ihr Amt nun seit 5 Jahren inne und bietet so wenig Spielraum für eine klare Beurteilung.

Jedoch soll eine Schlussbetrachtung in Form einer Einschätzung und Charakterisierung des Ofcoms und der Selbstregulierung erfolgen und ein Fazit aus der vorangegangenen Diskussion diese Ausarbeitung abschließen.

Roßnagel zeichnet das Bild, dass eine Selbst- und Koregulierung das Bewusstsein der Regulierung in den Marktteilnehmern stärkt. Für dieses Fazit soll dieses Argument das

---

[13] Rundfunk, Telekommunikation und Frequenzmanagement

Gegengewicht zu dem Einwand sein, dass der Communications Act 2003 kulturelle Aspekte vernachlässigt und zugleich wirtschaftliche fördert. Diese Bedenken sollen jedoch erst im Folgenden Beachtung finden.

Meiner Meinung nach fördert die eigene Auseinandersetzung der Medienbetreiber mit ihrem Inhalt ein Qualitätssiegel in Richtung Bildungsfernsehen. Dadurch, dass die Kontrolle nicht mehr von oben kommt und sich jedes Medium selbst mit dem Erfüllen des vorgeschriebenen Qualitätsstandard beschäftigen muss, wird dies zu einem wichtigen Thema innerhalb der Medienlandschaft.

Auch wenn es unter Umständen zu einer Überforderung der Marktteilnehmer führen kann, so ist jedoch eine bewusster Umgang und eine öffentlichere Auseinandersetzung mit den Themen Bildungsfernsehen, Qualitätssicherung der Inhalte und Schutz der Konsumenten gewährleistet und gestärkt.

Natürlich gehört es zu den Aufgaben einer Medien- und Kommunikationspolitik den Wirtschaftssektor zu stärken und eine ökonomische Marktwirtschaft zu unterstützen, jedoch sollten diese Ziele nicht die ersten Belange in der Politik sein. Nicht nur Douglas Vick und Gillian Doyle wiesen darauf hin, dass die britische medienpolitische Handschrift sehr stark ökonimische Interessen vermuten lässt. Vor allem in Wirtschaftsbereichen, die einem raschen Wandel unterworfen sind, werden traditionelle staatliche Regulierungskonzepte als Hemmnisse für die wirtschaftliche Entwicklung eines Landes angesehen. Andererseits hat die Wirtschaft auch in anderen Situationen selbst ein Interesse an Regulierung, wie zum Beispiel, wenn es um die Eröffnung von neuen Märkten geht.

Wie auch in der Untersuchung von Puppis in 3.1.2. aufgezeigt, bürgt die Koregulierung ein geringeres Risiko als die Selbstregulierung.

Die Gefahr eines Missbrauchs der neuen Reglements durch die Wirtschaft wird zwar durch das Ofcom als eine Art „backstop power" " (vgl. www.ofcom.org) mit ihren Sicherungsmechanismen zum Teil entkräftet. Ob das Ofcom dieser Aufgabe genügend gerecht wird, lässt sich leider zu diesem Zeitpunkt noch nicht beurteilen.

Gerade in der Zeit der aktuellen Wirtschaftskrise wird man auch in der Medienunternehmen das Hauptaugenmerk auf die Geschäftszahlen und weniger auf die sozialen und moralischen Aspekte legen. Dies rechtfertigt die Frage, ob die

kommerziellen Veranstalter ihren öffentlichen Auftrag gerecht werden und in der Lage sind einen angemessenen Standard ihrer Programme zu gewährleisten. Die Vision eines verantwortungsvollen Marktes ist während der Finanzkrise zwar schwerer umzusetzen und bürgt Risiken, jedoch sollte sie deshalb nicht von ihrer sozio-gesellschaftlichen und kulturellen Prägung ablassen.

Meiner Meinung nach, sollte auch bei Einhaltung der Regeln durch die Marktteilnehmer und bei Erfolg des Ofcom, der Tenor dieser Reform nicht außer Acht gelassen werden. Der Communications Act 2003 erscheint in diesem Zusammenhang mehr der Wirtschaft zugeneigt als dem kulturellen Aspekt. Die Besorgnis, dass das neue Medienrecht mit der Selbstregulierung gesellschaftliche Belange zugunsten einer verbesserten britischen Wettbewerbsfähigkeit opfert, ist mit Verweis marktwirtschaftlich orientierte Unternehmen nachzuvollziehen.

Der bittere Beigeschmack, dass das Ofcom eher ein Wirtschaftsregulierer sei, führt zu der Fragestellung, mit welcher Intention der Regierung diese Institution ins Leben gerufen wurde.

Zu einer klaren Beantwortung der Frage, in wie weit das Ofcom eine gesellschaftliche oder wirtschaftliche Intention verfolgt und welche Absichten für die Ernennung ausschlaggebend war, lässt sich aus der Literatur nicht herleiten und beruht weitgehendst auf Spekulationen.

Ein Anzeichen für die wirtschaftliche Ausrichtung des Ofcoms ist jedoch der Argument, dass in der ursprünglichen, im Parlament diskutierten Fassung des Mediengesetzes keine deutliche Priorität für diese widersprüchlichen Aufgabenstellungen

des Ofcoms vorgesehen war. Der Schluss daraus ist, dass die Regierung diese Entscheidung dem Ofcom überlassen wollte, das es sicherlich in den Zeiten der Finanzkrise schwer hat wirtschaftliche Aspekte nicht zu bevorzugen.

Dies führt somit zu der Befürchtung, dass im Regelfall ökonomische Interessen die Oberhand über weniger starke kulturelle oder andere gesellschaftliche Belange erhalten könnten.

Schlichtend wirkt hier das Argument, dass sich die Regierung aufgrund dieser negativen Stimmung in der Bevölkerung entschloss den Public- Service-Aspekt in der

Kommunikationsgesetzgebung zu stärken und so ein Zeichen Richtung Qualitäts- und Bildungsfernsehen zu setzten.

Nichtsdestotrotz lässt sich zusammenfassen, dass es noch vielfältige Gründe gibt, anzunehmen, dass die von der Labourregierung verfolgte Strategie langfristig vom Markt und nicht vom Konsumenten gelenkte Richtung verfolgen wird. Auch die in letzter Minute erfolgte erwähnte Stärkung des Public-Service-Aspekts wird letztendlich nicht die Spannung zwischen marktorientierten und konsumentenorientierten Zielen in der Tätigkeit des Ofcoms nehmen.

Vick und Doyle zitieren abschließend zu diesem Punkt Tessa Jowell, derzeitige Kulturministerin, die der Überzeugung ist, dass den Konsumenteninteressen normalerweise am Besten durch eine Stärkung des Wettbewerbs gedient würde" (Vick/Doyle 2004: 39 in Media Perspektiven).[14] Fraglich ist hier nur welch Ziele der Konsumenten gemeint wurden. Denn ein sozioökonomischer Vorteil der Bürger, beispielsweise in Form von Arbeitsplatzsicherung, ist nicht das Thema dieser Debatte.

---

[14] Später beeilte sich die Regierung zu beteuern, dass diese Aussage keinesfalls so zu verstehen sei, Verbraucherinteressen seien automatisch identisch mit Marktinteressen. (vgl. Vick/Doyle 2004: 39 in Media Perspektiven).

LITERATUR:

1. Hübner, Emil, Ursula Münch (1999): Das politische System Großbritanniens. Beck Verlag. München.

2. Roßnagel, Alexander; Thomas Kleist; Alexander Scheuer (2007): Die Reform der Regulierung elektronischen Medien in Europa. Dargestellt am Beispiel der EG, Belgiens, Deutschlands, Frankreichs, Italiens und des Vereinigten Königreichs. VISTAS Verlag GmbH. Berlin

3. McNair, Brain (2007): Current affairs in British public service broadcasting. In: Gregory Ferrell Lowe (Hrsg.) (2005): From public service broadcasting to public service media. Nordicom. Göteborg. S. 151 – 165.

4. Puppis, Manuel (2003): Rundfunk zwischen Aufsicht und Selbstverantwortung. In: Medienheft (ZOOM K&M) http://www.medienheft.ch/politik/bibliothek/p19_PuppisManuel.html

5. Puppis, Manuel (2002a): Co-Regulierung im Rundfunk. Zusammenspiel von staatlicher Regulierung und Selbstregulierung als Erfolgsgarant? In: Medienwissenschaft Schweiz, Nr. 1, S. 31-35: http://www.sgkm.ch/download/mwch2001-1-komplett.pdf (15.1.2003).

6. Puppis, Manuel (2002b): Der Staat und die Selbstregulierung des Rundfunks. Eine theoretische und empirische Untersuchung von Formen der Selbst- und Co-Regulierung im Rundfunksektor. Lizentiatsarbeit am IPMZ, Zürich.

7. McNair, Brian (2005): Which publics, what services? British public service broadcasting beyond 2006 In: Gregory Ferrell Lowe (Hrsg.) (2005): Cultural dilemmas in public service broadcasting. Nordicom. Göteborg. S. 101 – 111

8. Doyle, Gillian; Douglas W. Vick (2004): Über die "konvergierte Regulierung" zum deregulierten Medienmarkt? Communications Act 2003 in Großbritannien. In: Media-Perspektiven. 2004, Nr. 1, S. 38 - 48

9. Prosser, Tony (2003): ITC moves towards partial self-regulation and lighter regulation of content. In: IRIS 2003 3:12/16.

10. Jarren, Otfried / Weber, Rolf H. / Donges, Patrick / Dörr, Bianka / Künzler, Matthias / Puppis, Manuel (2002): Rundfunkregulierung – Leitbilder, Modelle und Erfahrungen im internationalen Vergleich. Eine sozial- und rechtswissenschaftliche Analyse. Zürich: Seismo Verlag.

INTERNET:

1. UK Government. Publications and records. In: http://www.parliament.the-stationery-office.com/pa/cm200304/cmselect/cmcumeds/585/58504.htm

2. Suter, Tim (2006): Suter nennt deutsches Regulierungsmodell überholt. In http://medienpolitik.eu/cms/media/pdf/funkkorrespondenz_%20060415.pdf